SIDOINE APOLLINAIRE

UN PATRICIEN ROMAIN

UN ÉVÊQUE AU Vᵉ SIÈCLE

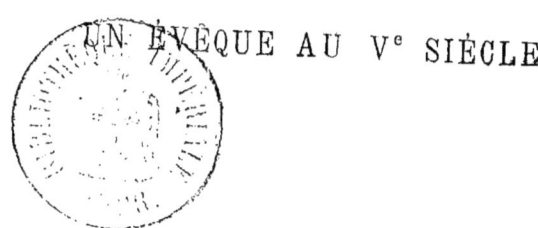

SIDOINE APOLLINAIRE

UN PATRICIEN ROMAIN

UN ÉVÊQUE AU Ve SIÈCLE

CONFÉRENCE LUE A LA FACULTÉ DES LETTRES DE CLERMONT

PAR

J.-M. LAGIER

PROFESSEUR AU LYCÉE

EXTRAIT DE LA REVUE DE PARIS DU 1er AOUT 1868

SAINT-GERMAIN

DE L'IMPRIMERIE L. TOINON ET C{o}

RUE DE PARIS, 80

1868

SIDOINE APOLLINAIRE

UN PATRICIEN ROMAIN

UN ÉVÊQUE AU Ve SIÈCLE

C'est une époque bien extraordinaire que ce ve siècle de l'ère moderne, que les travaux des Ampère, des Thierry et les recherches de quelques érudits nous ont fait connaître; temps de convulsions politiques, d'agitations religieuses, comme l'histoire n'en retrouve pas de semblables. L'empire romain se mourait alors de corruption et de vieillesse. Il n'y avait plus de patriotisme : l'orgueil romain s'était évanoui depuis que les dieux fondateurs de Rome avaient déserté le Capitole pour faire place au Dieu de la société nouvelle, depuis que le siége de la souveraineté avait été transporté par les empereurs à Nicomédie, à Ravenne, à Milan et à Constantinople. Le sénat n'était plus cette assemblée de rois redoutée des princes de la terre; il était réduit au simple rôle de conseil municipal. Les descendants des fiers patriciens d'autrefois, adulateurs empressés de César, se faisaient gloire d'entrer dans cette hiérarchie de fonctionnaires, de privilégiés, où se classait le troupeau d'esclaves égaux sous la servitude du maître. Le peuple romain n'existait plus; car on ne peut appeler de ce nom la populace abrutie par la paresse, qui demandait à ses maîtres le pain de chaque jour. L'armée n'était plus qu'un ramassis de gens sans aveu, levés de force par les tribuns qui faisaient la chasse aux hommes, quelquefois enrôlés volontairement dans l'espoir des distributions et du pillage. Quant au prince, né du crime ou du hasard, il ne faisait que passer sur le trône, d'où le précipitait le crime ou le hasard. Enfin, signes plus graves de la décadence, l'éloquence, la poésie, l'histoire n'avaient plus de voix digne d'être entendue ; les arts tombaient, et la langue prenait les formes bizarres que lui imposait le caprice de chacun.

Aussi, dans ce monde décrépit, incapable de se défendre, les barbares, venus du fond de la Scandinavie, des bords du Volga, de la Chine elle-même, Goths, Alains, Suèves, Vandales, Burgundes et Franks, avaient pénétré sans peine. Que dis-je? Ils sont plus maîtres de l'empire que l'empereur lui-même. Ils servent dans ses armées, ou plutôt, comme ils en composent la partie la plus virile, ils l'asservissent en le protégeant. Ils dédaignent de prendre pour eux-mêmes le diadème, qui ne touche à la tête d'un prince que pour le désigner à la vengeance et à la mort. Ils méprisent la pourpre, et si parfois ils la jettent sur les épaules d'une créature ambitieuse, c'est pour la décorer d'un hochet, gage de sa servitude. Les provinces abandonnées à elles-mêmes, tantôt résistent aux envahisseurs, tantôt cèdent, quelquefois même se réjouissent de leur défaite, courent au-devant du joug, espérant, comme dit Salvien, « trouver parmi les barbares l'humanité des Romains, parce qu'elles ne peuvent plus supporter parmi les Romains l'inhumanité des barbares. » Elles échapperont ainsi aux exactions des gouverneurs, aux exigences de l'impôt, à la tyrannie savante d'une centralisation qui s'étend à toutes les personnes et à toutes les choses.

Heureusement, au milieu de cette ruine générale, l'Eglise demeurait debout. Veillant auprès des débris qui s'amoncelaient autour d'elle, elle recueillait avec patience les pierres qui tombaient de l'ancien édifice social, et les taillait à sa guise pour la reconstruction d'une nouvelle cité. Au v⁰ siècle, grâce à ses grands docteurs et à ses nombreux conciles, elle avait déjà fixé le dogme et organisé la hiérarchie. Dans les principales villes de l'empire, au fur et à mesure que le christianisme s'étendait, s'étaient établis les évêques, élus par le peuple ou désignés par l'évêque voisin, chargés de surveiller les intérêts spirituels de leurs diocèses, quelquefois même obligés, malgré eux, de prendre en main leurs intérêts temporels. Seuls ils rendaient une justice exacte, seuls ils donnaient asile aux persécutés, aux malheureux; seuls ils inspiraient respect au grand et assuraient protection au faible; seuls enfin ils défendirent les provinces contre les barbares. Toutefois ils ne manquèrent pas de patriotisme le jour où, par une contradiction apparente, ils accueillirent paisiblement dans la communion chrétienne ces païens de la Germanie. Leur destinée et celle du christianisme devaient survivre à celle de l'Empire, avec la justice et la civilisation. La foi leur désignait, du reste, une patrie supérieure où ils voulaient appeler le vieux comme le jeune monde. N'était-ce pas au milieu de l'immense cataclysme que saint Augustin avait écrit son livre de la *Cité de Dieu*, société choisie qui accomplit son pèlerinage à travers les misères de cette vie pour mériter la cité céleste, la sainte Jérusalem qu'il rêve au delà de la mort? N'était-ce pas une idée sublime de rompre les cadres exclusifs du monde romain, de faire partout des citoyens égaux en droits et en espérances; de confondre tous les hommes dans une même foi, dans une même fraternité; de substituer à la patrie antique, fière et jalouse, une patrie universelle, large et généreuse, qui s'appellerait la chrétienté?

Telle fut la société dans laquelle vécut Sidoine Apollinaire. Il en connut les malheurs et les bienfaits; il en eut les défauts et les grandeurs. Patricien ambitieux, il éprouva les vicissitudes d'une politique toujours troublée par des événements nouveaux;

évêque irréprochable, il donna l'exemple des plus belles vertus et fut la providence de son peuple (1).

I

Caius Sollius Sidonius Apollinaris naquit à Lyon le 5 novembre 430, d'une famille qui occupait le premier rang dans les Gaules, par ses honneurs et par ses richesses. Son aïeul et son père gouvernèrent tous deux cette province sous le titre de préfets du prétoire. Sa mère était arverne et du sang d'Avitus, l'un des personnages les plus considérables de la Gaule par son opulence et ses services militaires. Pour que Sidoine se montrât digne d'une si haute naissance, il devait recevoir une éducation distinguée. Il fut en effet le disciple des maîtres habiles qui rendirent l'école de Lyon illustre entre les autres écoles de la Gaule. Sous Hoëne, Victor, Eusèbe, qu'il nomme avec éloge dans ses écrits, il parcourut toutes les branches de l'enseignement gallo-romain, depuis la grammaire, l'éloquence et la poésie, jusqu'à la géométrie, la dialectique, l'astronomie et la musique.

Sans doute les lettres latines n'avaient plus, depuis longtemps, formé de grands poëtes ni de grands orateurs. Quelques

(1) J'ai consulté pour cette étude :
1° Les écrits de Sidoine Apollinaire, en prose et en vers, édition de Jacques Sirmond. Paris, 1614.
2° L'*Essai historique et littéraire sur Apollinaris Sidonius*, par M. Alexandre Germain. Montpellier, 1840.
3° L'ouvrage de M. l'abbé Chaix sur saint Sidoine Apollinaire et son siècle; deux volumes in-8, Clermont-Ferrand, Thibaud, imprimeur-libraire; Paris, Ch. Dumoulin, libraire, quai des Augustins, 13. Cet ouvrage, d'une érudition solide, minutieuse, a été couronné par l'Académie de Clermont.
4° Ampère, *Histoire littéraire de la France avant le* xiie *siècle*.

avocats d'une abondante mais vaine faconde, quelques versificateurs sans poésie, un Nicétius de Trèves, un Claudien, un Ausone, voilà ce qu'elles produisaient dans ces temps de décadence. Mais si l'inspiration et le génie faisaient défaut, si l'on ne rencontrait plus ni un Virgile, ni un Cicéron, du moins certains esprits avaient conservé le goût des belles-lettres et se faisaient une gloire de comprendre et d'interpréter les chefs-d'œuvre qu'ils ne pouvaient pas égaler. Impuissants à tirer de grandes idées de leur fonds propre, ils étudièrent l'art de ces esprits supérieurs ; ils leur empruntèrent ce qu'ils pouvaient le plus facilement s'assimiler, leur méthode, leurs procédés, leur rhétorique ; en un mot, ils devinrent des critiques et des imitateurs. Sidoine l'avoue, le maître qu'il aima, qu'il copia avec passion, c'est le poëte Claudien qui, dans un style pompeusement enthousiaste, protesta contre le triomphe du christianisme en évoquant l'histoire mythologique des dieux fondateurs de Rome.

Aussi voit-on, chose bizarre, un poëte comme Sidoine Apollinaire, chrétien dans ses mœurs, païen dans ses inspirations, invoquer, au début de ses poëmes, les divinités de l'Olympe et faire des poésies fugitives où paraissent Thétis et Pélée, Vénus et Cupidon.

Ici, pour célébrer les mérites d'Avitus, il se place au milieu de l'Olympe, dans la compagnie d'Orphée ; il contemple l'assemblée des dieux et Jupiter assis sur son trône d'or ; il voit s'avancer à pas lents une déesse à la tête inclinée, à la chevelure pendante et poudreuse, c'est Rome qui vient gémir sur ses malheurs et recevoir de Jupiter l'assurance d'un sort meilleur sous le gouvernement d'Avitus.

Là, dans le panégyrique d'Anthémius, l'Italie, non plus comme dans Virgile et dans Stace, cette déesse douée d'une vigueur et d'une jeunesse immortelles, mais une déesse vieillie et caduque, descend à pas lents des hauteurs aériennes de l'Apennin vers les demeures transparentes du Tibre azuré. Le fleuve repose au murmure des ondes qui s'échappent de son urne et à l'ombre des roseaux qui se balancent sur sa tête. L'Italie le supplie d'aller trouver Rome pour qu'elle demande un nouvel empereur à l'Aurore, c'est-à-dire à l'Orient, à Constantinople.

Une autre fois Sidoine veut faire l'éloge de deux nouveaux mariés : Vénus et Cupidon quittent leurs temples de Cythère et de Chypre pour venir, au pied des monts Arvernes, unir les deux époux.

Dans un autre épithalame, il parle du combat des géants, des sept sages de la Grèce, de Platon, d'Hercule, de Cacus, etc.; il fait même aux jeunes mariés une leçon d'astronomie.

On le voit, c'est là une poésie froide, artificielle, toute jetée dans des cadres de convention et non sans une apparence de pédanterie. On y remarque toutefois une qualité qui s'associe rarement à de pareils défauts : elle est facile, coulante. Sidoine avait un tempérament poétique très-fécond ; il aurait pu dire comme Ovide :

« Quidquid tentabam dicere versus erat. »

Aussi excellait-il dans les frivolités ingénieuses que l'on peut appeler la poésie de salon, les impromptus de circonstance, les épigrammes, les tours de force descriptifs. Le plus petit incident de la vie ordinaire lui fournissait l'occasion de faire des vers.

Un jour, à Lyon, il jouait à la paume avec un vieux poëte appelé Philimace. Sidoine aimait beaucoup le jeu de paume ; du reste à cette époque et antérieurement il était fort en honneur dans les écoles. On sait que le jeune Augustin en avait passionnément recherché les innocents triomphes, avant la gloire des lettres et de l'éloquence. Le vieillard est naturellement battu; il cherche à se venger en demandant à Sidoine d'improviser un quatrain sur le linge qui essuyait son front; il croyait mettre le jeune poëte en défaut. Celui-ci trouve promptement une réponse : il souhaite que ce linge serve à Philimace pour essuyer la sueur de son front aux bains ou à la chasse ; il passe malicieusement sous silence le jeu de paume où Philimace n'avait pas de succès.

Une autre fois Sidoine trouve quatre poissons pris pendant la nuit aux filets de son vivier : vite cette pêche l'inspire, et autant de poissons, autant de vers.

On trouve dans ses œuvres un certain distique pour lequel il avait la plus grande estime, parce qu'il était rétrograde, c'est-à-dire qu'on pouvait le lire à rebours. Il s'agit d'un ruisseau grossi par l'orage et qui arrête le poëte :

« Præcipiti modo quod decurrit tramite flumen
» Tempore consumptum jam cito deficiet. »

Relisons le distique en sens inverse :

« Deficiet cito jam consumptum tempore flumen
» Tramite decurrit quod modo præcipiti.

La même facilité accompagnée des mêmes défauts se retrouve dans les lettres de Sidoine Apollinaire. Ces lettres, écrites au jour le jour, d'après l'impression du moment, devraient, ce semble, être pleines de ces caprices d'humeur et de style que fait naître la variété des circonstances. Ne croyez pas toutefois que l'auteur, en les écrivant, ait laissé tout à fait à sa plume la bride sur le cou, comme dit M*me* de Sévigné. Sidoine les compose bien plus pour la postérité que pour ses amis ; aussi leur fait-il une toilette coquette pour qu'elles se présentent aux futures générations tout à fait à son avantage. Avant de les publier, il les a minutieusement corrigées ; il engageait ses amis à les retoucher. Il regardait cette publication comme une affaire vraiment littéraire, de laquelle dépendait en partie sa réputation. Il redoutait la critique, il ne s'en cachait point, et ce n'est qu'après une longue hésitation qu'il se décida, suivant sa propre expression, à « s'embarquer sur la mer de la renommée. » Il faut donc s'attendre à trouver dans ces lettres peu de naturel et de simplicité. Sidoine est en effet un de ces écrivains qui appliquent une remarquable industrie d'esprit et des ressources considérables d'imagination à tourmenter la langue pour lui imposer leurs extravagances impérieuses. Il la surcharge d'images incohérentes, d'antithèses imprévues, de calembours ambitieux; toujours il cherche à vous surprendre, à vous éblouir. Il cisèle ses périodes avec le soin religieux que les artistes du moyen âge mettaient à ciseler un vase pour les saints mystères. S'il paraît quelquefois se livrer aux fantaisies de l'imagination la plus capricieuse, examinez les choses de près et vous verrez que dans ce faux abandon de lui-même, il conserve le sang-froid de la phrase, il soigne l'épithète et calcule le mot à effet. Béranger disait qu'une idée sans style est une jolie fille sans dot; Sidoine Apollinaire n'eut pas beaucoup de filles, mais, en bon père, il les dota pompeusement.

Ces défauts plurent aux contemporains de Sidoine, lequel, déjà connu par sa naissance, devint vite célèbre par ses écrits. Les belles-lettres étaient, à cette époque, comme presque toujours, une voie sûre pour arriver aux honneurs; et Sidoine les désirait. Assis quelquefois à côté de la chaise curule de son père, préfet des Gaules, dans les solennités officielles, à l'âge où la vie se présente avec toutes ses illusions, il avait songé à ces hauts emplois dans lesquels les jeunes patriciens pouvaient déployer leurs talents. Les circonstances servirent bien son ambition.

A l'école de Lyon il s'était lié d'amitié avec des condisciples qui devaient devenir plus tard des hommes illustres : Probe, dont le père Magnus était l'arbitre de la Narbonnaise, Faustin qui porta la mitre épiscopale, Léonce d'Aquitaine, futur secrétaire du roi des Visigoths, Lampride et Rustique de Bordeaux, les meilleurs orateurs de leur temps. De plus il eut la bonne fortune de resserrer par un mariage ses liens avec la famille d'Avitus; il épousa Papianille, fille de cet important personnage qui avait mérité la confiance des empereurs par des services rendus à la cause romaine, et même l'estime des barbares qu'il avait combattus. Le roi de Toulouse l'avait accueilli déjà comme médiateur de la paix entre Valentinien et lui; il alla jusqu'à le charger de l'éducation de son fils Théodoric. Sidoine entra donc de bonne heure dans l'amitié de ce prince, à peu près du même âge que lui. Il le courtisa plus tard par des flatteries assidues, quand Théodoric fut monté sur le trône. Celui-ci jouait volontiers aux dés, et Sidoine, qui ne sacrifie aucune occasion d'adresser des compliments au roi, assure que, soit qu'il gagnât, soit qu'il perdît, il était toujours philosophe. Cependant le jeune ambitieux avoue que l'on se mettait sûrement bien en cour auprès de Sa Majesté gothique en perdant à propos et que pour lui il y manquait rarement. Grâce à toutes ces circonstances et à cette habileté, Sidoine Apollinaire s'était concilié la faveur des Gallo-Romains les plus influents dans l'Église, dans l'armée, dans l'administration, et celle du prince barbare le plus puissant à cette époque.

II

Avitus et son gendre ne tardèrent pas à mettre à profit la bienveillance de Théodoric. Rome venait d'être détruite par les Vandales; le palais des Césars était sans maître; la couronne impériale attendait l'ambitieux qui serait assez osé pour la ceindre. Avitus qui la désirait, l'obtint sans peine, grâce à la protection du roi de Toulouse. Sidoine se crut dès lors arrivé aux grandeurs qu'il avait rêvées dans sa jeunesse. Ses espérances, ses illusions étaient telles qu'il ne vit pas les embarras certains que rencontrerait son beau-père. Il célébra son éloge dans un panégyrique solennel, le compara à Camille et à Trajan, prédit la ruine des Vandales et de tous les barbares qui menaceraient l'empire. Il fit même partager sa confiance au peuple de Rome qui, dans ses transports, oublia un moment ses malheurs et dressa une statue au poëte optimiste, sur le forum de Trajan. Mais toute cette gloire s'évanouit promptement : un barbare avait élevé Avitus, un barbare le renversa. Déchu du trône, il accepta l'évêché de Plaisance, sans pouvoir encore jouir en paix de sa pieuse retraite : le Suève Ricimer le fit tuer au passage des Alpes. La cour d'Avitus fut entraînée dans sa ruine, et Sidoine vint faire à ses compatriotes le récit douloureux des derniers jours de ce règne sur lequel tous avaient fondé de si magnifiques espérances et auquel, dans ses rêves de poëte, il avait promis « des siècles d'or. »

Malgré ce premier mécompte, Sidoine ne désespéra point de la fortune. Persuadé qu'il devait à la mémoire de son beau-père plus que des larmes, il s'allia avec tous les Gallo-Romains résolus à venger Avitus. C'étaient des généraux connus, des hommes d'État illustres, qui tous se disaient patriotes et parlaient de rendre la Gaule indépendante; ils n'étaient en réalité que des ambitieux qui voulaient travailler avant tout pour eux-mêmes. On le vit bien lorsque le nouvel empereur, Majorien, en 456, accourut dans les Gaules avec une armée. Les uns se retirèrent; les autres, moins timides ou plutôt moins scrupuleux, attendirent, flattèrent le vainqueur et se donnèrent à lui. Malheureusement Sidoine partagea leur faiblesse; il vit Majorien, fut, dit-il, séduit par les charmes de sa personne et ne songea plus qu'à mériter ses faveurs. Le gendre d'Avitus, celui qui se montrait naguère si jaloux des libertés gauloises, prodigua dans un panégyrique prononcé à Lyon, l'adulation au César qui venait de ruiner son pays et qui avait remplacé son beau-père. On a tout dit pour justifier la versatilité inexcusable de Sidoine : que Majorien pouvait être loué sans flatterie, à cause de ses vertus publiques et privées; que, par sa conversion, Sidoine cherchait moins à se grandir lui-même qu'à soustraire Lyon à la vengeance de l'empereur. Il n'a pas cherché lui-même tant de détours et il a déclaré nettement que la conscience des poëtes échappe aux scrupules de l'honnêteté vulgaire. Après tout Virgile et Horace ne lui ont-ils pas donné l'exemple? On peut, sans se déshonorer, marcher sur leurs traces. Mais il alla plus loin qu'eux : il combla d'éloges Ricimer qui tyrannisait Rome, qui avait ordonné le meurtre d'Avitus; il proclama sans pudeur que ce barbare l'emportait sur Sylla en pénétration, sur Fabius en génie, sur Métellus en piété, sur Appius en éloquence, sur Fulvius en courage, sur Camille en habileté. Aussi toutes ces bassesses lui profitèrent : « Mon poëme ne fut pas une bonne œuvre, dit-il, mais une bonne affaire. » Il obtint que la ville de Lyon fût épargnée; il eut pour lui-même l'amitié de Majorien et les priviléges, les distinctions, qui y étaient attachés. Il eut la vie de la cour, si précieuse pour un homme né courtisan, que certains grands seigneurs, au xviie siècle, moururent pour en avoir été privés. Il fut rangé, sous le titre de comte, parmi les grands officiers de l'empire; il ne paya plus les impôts qui grevaient ses domaines et qu'il trouvait fort lourds. Il vécut, à Arles, dans l'intimité des hommes les plus influents de la Gaule, se concilia les bonnes grâces de Pétrus, le Mécène du nouvel Auguste, charma l'empereur par sa conversation enjouée, sa verve piquante, ses saillies ingénieuses. De tous les poëtes réunis autour du trône, il était le plus estimé, c'est lui qui l'avoue modestement. On essaya bien de ruiner son crédit en l'accusant d'avoir fait une satire contre Majorien. Il se justifia pleinement, et ce léger nuage disparut. Non, en vérité, il n'avait pas composé de satire, quelque démangeaison qu'il en eût peut-être; mais, dit-il, quelle présomption pour un jeune homme de critiquer autrui, et surtout quelle imprudence de s'attaquer à d'aussi grands personnages !

Malheureusement toute cette habileté qui déjouait les intrigues des hommes, ne pouvait prévaloir contre les caprices de la fortune. Majorien disparut bientôt, assassiné par le barbare qui avait fait sa grandeur; tous les courtisans qui l'avaient encensé se dispersèrent, et Sidoine se retira dans sa villa d'Avitacum pour y méditer sur l'instabilité des choses humaines (461).

Ce domaine que Sidoine Apollinaire avait reçu en dot de sa femme, était, au dire du poëte, un lieu charmant pour philosopher, pour se distraire de cette mélancolie du pouvoir qu'excitent toujours les revers politiques dans les âmes ambitieuses. A quelques lieues de Clermont, au bout d'une vallée sauvage qu'obscurcissent de noirs sapins, suspendus dans les ravines, non loin d'un lac volcanique, se trouve le village d'Aydat où les archéologues ont placé la résidence de Sidoine. De nos jours le voyageur n'aperçoit là qu'un site austère et terne, quand, des bords incultes du lac, il voit quelques bœufs paître l'herbe maigre et rabougrie sur les collines désolées. Le paysage devient plus varié et tout à fait grandiose, lorsqu'on gravit la côte et que l'on promène ses yeux sur les vallées ombreuses qui descendent du Mont Dore, à travers lesquelles scintillent les cascades comme des ruisseaux d'argent, et que l'on contemple au loin, près des nuages, le pic de Sancy tacheté de neige. Si les archéologues ne se sont point trompés, il faut croire qu'au ve siècle la nature s'était montrée plus prodigue qu'aujourd'hui à parer de ses dons les environs d'Aydat, ou bien que l'imagination de Sidoine avait été plus complaisante qu'elle. Celui-ci, imitant Pline le Jeune, décrit, avec un charme étudié, ces lieux enchanteurs, du moins dans sa peinture. Au couchant, la villa était abritée par une montagne d'où jaillissaient, comme d'un double foyer, des collines moins élevées, tapissées de vignes. Le pied de l'édifice était humecté par les ondes du lac quand il était remué par le vent; quelquefois ses flots se soulevaient au souffle de l'Auster; alors ils battaient la rive avec fureur, s'élançaient en gerbes cristallines au-dessus des arbustes et retombaient en rosée sur les feuilles. Il était alimenté par un torrent qui, après s'être brisé contre les rochers, venait mêler à son onde ses blanches écumes, jusqu'à ce que, reprenant son cours naturel, il s'échappât, par des issues souterraines, pour former un ruisseau. Les poissons y abondaient : ils se jouaient dans le miroir des eaux où l'on distinguait aisément les perles rougeâtres dont leur chair était parsemée. Les bords étaient accidentés ; à gauche, unis, découverts, pleins d'herbes ; à droite, coupés, sinueux, boisés ; au sud-ouest, les eaux réfléchissaient le feuillage des arbres tout en laissant apercevoir sous les ondes transparentes le sable de leur lit ; à l'est, un autre bouquet d'arbres les colorait d'une teinte verdâtre ; du côté du zéphire, le rivage était garni d'arbrisseaux de toute espèce, joncs polis, plantes marécageuses nageant sur les flots, saules verts avec leur amer feuillage. Au milieu du lac se trouvait une petite île où s'élevaient, sur des pierres disposées par la nature, des bouts de rames qui devaient servir de bornes aux courses des bateliers ; car on avait coutume d'imiter en cet endroit les naumachies que les Troyens établirent à Drépane, en l'honneur d'Anchise.

Tels étaient les alentours d'Avitacum ; la villa se dressait sur le rivage : elle avait, selon les exigences de la vie, à cette époque, un portique, un vestibule, des appartements d'hiver et d'été, enfin une salle de bains. L'habitation d'hiver était située au levant, de manière à recevoir, à l'abri des Aquilons, les rayons du soleil. L'habitation d'été, que Sidoine a décrite avec complaisance, avait d'abord un pavillon ou salle à manger qui dominait la rive ; au-dessus du pavillon s'étendait une plate-forme, la terrasse d'honneur, réservée aux réceptions cérémonieuses, aux grands dîners. Le repas terminé, on passait dans un appartement contigu, d'une agréable fraîcheur, et qui, tourné du côté du nord, recevait le jour sans souffrir des ardeurs du soleil. C'était le lieu des rêveries; mollement assis au bord de la fenêtre, on pouvait entendre de là les moindres bruits de la campagne, le grondement du torrent dont les ondes tapageuses faisaient retentir les échos de la vallée, les chants des oiseaux, les cris aigus des cigales, le coassement des grenouilles, l'étrange mélodie des cygnes, les concerts des bergers conduisant leurs troupeaux. Au sud-ouest, près d'un rocher couvert de bois, étaient les thermes; des tuyaux de plomb y conduisaient l'eau bouillante dans une cuve demi-circulaire, commode et spacieuse. A côté se trouvait la salle des parfums; puis venait une piscine où se rafraîchissaient les baigneurs. C'était la salle la plus belle, large, de manière que les valets pussent y circuler à leur aise, ornée de siéges aussi nombreux que l'hémicycle pouvait contenir de personnes, bien éclairée, pour que l'on admirât les lambris et les fresques qui décoraient les murs. Un ruisseau se précipitait du sommet de la montagne et se répandait dans la piscine à travers six tuyaux terminés chacun par une tête de lion qui semblait vivante. Près de la piscine s'étendaient les appartements des femmes, le gynécée.

Tel et à peu près dans ces termes, Sidoine Apollinaire nous a décrit son château (1). Si vous voulez savoir de quelle manière on y passait le temps, Sidoine nous l'a dit lui-même çà et là dans ses lettres. Tantôt c'était la simple et douce vie de famille : Papianille et Sidoine assistaient aux premiers ébats de leurs enfants. Papianille se livrait aux travaux des matrones, filait le lin, la soie et tissait les vêtements des habitants d'Avitacum. Sidoine jouait à la paume ou bien aux dés avec son beau-frère Ecdice. Ils pêchaient dans le lac au filet, ou bien à la ligne filante ou dormante. Tantôt on se rendait dans les châteaux des environs; on voisinait, seulement l'usage était de faire les visites de grand matin et l'on rentrait à la quatrième heure, c'est-à-dire

(1) Epist. II, 2. V. Chaix, t. I, l. IV, p. 150 *et sq.*

vers dix heures. Le plus souvent Avitacum donnait l'hospitalité à quelques grands personnages; alors c'étaient de véritables fêtes, auxquelles rien ne manquait, pas mêmes les régates sur le lac; le soir on jouait à la toupie.

Outre ces distractions, Sidoine, pour consoler ses ennuis, avait encore ses correspondances avec ses amis de Lyon, de Vienne, d'Arles et ses livres qu'il aimait passionnément. Au milieu des variétés de son existence, l'amour des belles-lettres le captivait toujours. Quand il songeait à la Gaule, il la rêvait docte et polie, comme l'Italie et la Grèce. Venait-il à relire ces chefs-d'œuvre qui, à l'école de Lyon, excitèrent l'enthousiasme de sa jeunesse, il regrettait ces beaux âges de la littérature, et, gardant son admiration pour les anciens, il déplorait la stérilité de ses contemporains. C'est alors que son indignation éclatait contre les barbares dont le germanisme corrompait la pureté des formes latines; il suspendait son hexamètre au bruit des chants de l'Alain, du Franck ou du Burgunde. Il plaignait les provinces qui, comme la Belgique et les contrées rhénanes, avaient perdu l'élégance des lettres latines. Il conjurait les amateurs de la bonne latinité, de se réunir, de se coaliser pour défendre l'intégrité de la langue contre l'invasion des barbarismes les plus rudes. Il encourageait par des éloges hyperboliques ceux qui tentaient comme lui, soit en vers, soit en prose, d'arrêter la décadence de la littérature romaine. Que de jeunes esprits s'adonnassent à l'étude, il les remerciait de leur zèle littéraire, comme de la plus magnifique récompense qu'il pût retirer de ses travaux. Il ne craignait pas de mettre à côté d'Homère un petit poëte de Narbonne, près de Sophocle un obscur faiseur de comédies et au même rang que Tacite un froid compilateur de province (1). Lui-même lisait avec son fils Térence et Ménandre; il était bibliophile, et, quand il connaissait quelque part un bon livre, il ne négligeait rien

(1) Chaix, *passim*, l. iv.

pour l'acquérir, caresses, cadeaux, compliments, importunités même.

Enfin, laissant là quelquefois Avitacum et ses charmes de toutes sortes, il parcourait la Gaule pour revoir ses amis, pour s'en faire de nouveaux, et, autant que possible, parmi les plus grands personnages. Il visite ainsi Lyon, Vienne, Arles, Nîmes, Narbonne, Bordeaux, Périgueux, et renoue ses liens avec les évêques de ces villes; à Nîmes, deux grands seigneurs se disputent l'honneur de le recevoir : Sidoine opte pour l'ancien préfet des Gaules « à cause de son grand âge, dit-il, et de ses dignités. » Il ne paraît donc pas avoir renoncé tout à fait aux grandeurs humaines. Toutefois, en paroles du moins, il affiche le plus profond dégoût pour le pouvoir : « Pour moi, dit-il, je ne partagerai jamais cette opinion
» qu'il faille regarder comme heureux les hommes qui se tiennent
» au faîte glissant de la République. En effet combien de misères
» supportent à chaque heure ces heureux de ce monde! Faut-il
» appeler de ce nom ceux qui, comme Sylla, s'arrogent ce titre
» et, s'élevant au-dessus de toutes les lois humaines, prennent le
» souverain pouvoir pour le souverain bonheur? Ils ne compren-
» nent pas, les misérables, que c'est se condamner à la plus dure
» servitude; car si les rois dominent les hommes, le désir de
» dominer domine les rois (1). » Cette tirade, dans le goût de Sénèque, prouve uniquement que Sidoine pouvait soutenir une thèse sans conviction. Elle témoigne chez lui d'une aversion convenue, superficielle, tout à fait philosophique, pour les honneurs; aversion platonique, si l'on peut s'exprimer ainsi, qui s'évanouira bientôt devant les charmes réels du pouvoir.

Un nouvel empereur, Anthémius, en 466, vient de revêtir la pourpre. La Gaule et en particulier la Lyonnaise et l'Auvergne espérèrent que ce prince, dont on faisait partout l'éloge, leur enverrait des secours efficaces contre les barbares. On décida

(1) Epist. II, 13.

même que des ambassadeurs iraient à Rome, pour appeler l'attention du prince sur ces provinces menacées par les Burgundes et les Visigoths. Or qui pouvait obtenir une réponse favorable mieux que Sidoine Apollinaire, le poëte qui avait sauvé Lyon d'une ruine complète ? Inutile de dire que Sidoine accepta cette ambassade avec empressement, qu'il saisit de suite cette occasion de rentrer dans la vie politique. Adieu dès lors les charmes philosophiques et champêtres de la villa d'Avitacum ! Adieu les paisibles concerts de la nature et les dissertations abstraites sur le malheur des grands ! « Viens à Rome, » écrit Sidoine à l'un de ses amis, moins avide que lui des honneurs ; « tu recules devant un voyage
» en pays étranger ! En vérité, un homme de race sénatoriale, qui
» voit chaque jour les images de ses ancêtres, vêtus de la trabée,
» peut-il dire avec raison qu'il quitte son pays, quand il se rend
» à Rome, Rome, le domicile des lois, le gymnase des lettres, le
» palais des dignités, la tête du monde, la patrie de la liberté,
» l'antique capitale de l'univers ! Quoi ! tu resterais au milieu des
» bouviers et des porchers ! Fendre la terre avec une charrue,
» faucher ses prés, labourer ses vignes, voilà pour toi le comble
» de la félicité ! Mais c'est là le repos des vétérans ; toi, sois
» digne de tes ancêtres, cultive ta personne et non pas ta
» villa (1). »

Voici donc Sidoine Apollinaire revenu à ses espérances, à ses illusions d'autrefois. En effet, comment ne pas sourire à la fortune, quand il goûte déjà sur son chemin les prémices de sa grandeur future ? A Lyon, on accourt pour le serrer dans d'étroits embrassements ; on épie sur sa route les relais de poste pour lui souhaiter bon voyage et heureux retour. « Le voyage se faisait lentement, dit-il, non que les voitures manquassent, mais les amis encombraient la route. » Il passe enfin les Alpes, plein de confiance, comme autrefois Annibal ; il descend le Pô en bateau, salue sur

(1) Epist. I, 6.

son passage Mantoue, la patrie de Virgile qui dut sa fortune à ses vers, arrive à Ravenne, puis apprenant qu'Anthémius était parti pour Rome, il traverse rapidement l'Ombrie, l'Etrurie, si rapidement qu'il tombe malade. La fièvre le brûle, la soif le dévore. « J'aurais épuisé, dit-il, non-seulement l'onde des fontaines et des puits, mais encore toutes les eaux qui se trouvaient sur mon chemin, celles du lac Fucin, du fleuve Clitumne et même les eaux du Tibre (1). » Heureusement saint Pierre et saint Paul que Sidoine invoqua dès son arrivée devant Rome, guérirent cette fièvre extraordinaire qui, en donnant l'essor à sa rhétorique, aurait arrêté celui de son ambition.

Sidoine était à peine relevé de sa maladie et il maudissait, sans doute, le climat pour lui si funeste de l'Italie, quand un de ses amis, Candidianus de Ravenne, originaire de Césenne, lui écrivit pour le féliciter d'être à Rome, où du moins il pouvait voir le soleil, spectacle nouveau pour un Lyonnais. Il lui parlait avec ironie du ciel nébuleux de Lyon et des vapeurs matinales de la Saône qui se dissipent à peine en plein midi. Sidoine ne goûta point la plaisanterie et il y répondit par une satire amère contre Candidianus, contre Césenne et contre Ravenne ? « C'est toi qui m'oses
» dire cela, toi Césennate, qui as pour patrie un four plutôt
» qu'une ville ! Tu nous as, du reste, montré quel cas tu fais de ses
» plaisirs en allant te réfugier à Ravenne, au milieu des nuées de
» moucherons qui vous percent les oreilles, tandis que la troupe
» bavarde des grenouilles, vos concitoyennes, danse et coasse
» autour de vous. Quel marécage insalubre que ta ville ! Les lois
» de la nature y sont perpétuellement renversées. Des murs flot-
» tants et des eaux stagnantes, des tours qui se meuvent et des
» vaisseaux à sec, des bains glacés et des maisons brûlantes, voilà
» Ravenne. Les malades s'y promènent et les médecins gardent
» le lit ; les vivants meurent de soif et les morts nagent dans leurs

(1) Epist. I, 8.

» fosses ; les voleurs veillent et les magistrats dorment ; les mar-
» chands font la guerre et les soldats le négoce ; les clercs prêtent
» à usure comme des Syriens et les Syriens psalmodient comme
» des clercs ; enfin les eunuques s'exercent aux armes et les bar-
» bares fédérés aux lettres. Quelle ville tu as choisie pour y trans-
» porter tes lares domestiques ! Elle a pu trouver un territoire
» plus aisément qu'une terre labourable. Souviens-toi donc d'être
» plus clément envers ces innocents Transalpins qui se contentent
» de jouir des bienfaits de leur ciel sans en tirer vanité et sans se
» glorifier de l'inclémence des autres climats (1). »

Après avoir vengé sa patrie, Sidoine songea à lui-même. Quoiqu'il fût célèbre, qu'il eût sa statue encore debout sur le forum de Trajan, il ne pouvait sans intrigues se ménager la faveur d'Anthémius. Lors de son premier séjour à Rome, il avait connu plus d'un personnage capable de lui être utile en ce moment, entre autres le prétorien Paulus, poëte, orateur et surtout adroit courtisan. Paulus le servit à merveille : il lui montra une liste de sénateurs en lui désignant ceux qui pourraient le mieux seconder son ambition. Il lui recommanda surtout deux consulaires, fort distingués, très-bien en cour, sans contredit les premiers de l'État après l'empereur : l'un, Aviénus, affable, familier, ouvrait sa porte à tout venant, promettait toujours et ne tenait jamais ; l'autre, Basilius, plus réservé, ne prodiguait pas sa parole, mais y demeurait fidèle quand il l'avait donnée. Sidoine, en homme habile, les vit tous les deux ; en bon diplomate, il courtisa surtout le dernier, et bien lui en prit. Grâce à l'appui de Basilius, il fut chargé de composer le panégyrique d'Anthémius. On a vu déjà combien il savait prodiguer l'encens aux têtes couronnées ; il ne s'en montra pas plus avare qu'auparavant ; le nouvel empereur était d'après lui un Homère en poésie, un Cicéron en éloquence, un Jules César à la guerre. Le suève Ricimer, protecteur et

(1) Epist. I, 5.

gendre d'Anthémius, rappelait les Métellus et les Scipion de l'ancienne Rome. Barbares, redoutez de tels capitaines! Provinces, saluez de si paternels administrateurs, et toi, Rome, prépare-toi à donner encore des lois au monde soumis!

Ces éloges emphatiques, le crédit de Basilius, et, ajoute Sidoine Apollinaire, la grâce du Christ, lui valurent le titre de préfet du sénat, de la ville de Rome et celui de patrice. Sans doute il profita de l'autorité que lui donnaient ses nouvelles charges pour régler les affaires de la Gaule et celles des Arvernes. On n'a pas oublié que c'est le motif qui l'avait amené à Rome, où certes il ne s'attendait pas à trouver une si haute fortune. On pense qu'il obtint pour les Arvernes une plus grande extension de leurs libertés, et peut-être le droit de former, sous le protectorat de l'empereur, un État semblable à celui des Bretons, qui pût opposer aux Visigoths une sérieuse résistance. Cette conjecture est rendue vraisemblable par la promesse faite à Sidoine d'un grand emploi militaire, comme la maîtrise des milices, pour son beau-frère Ecdice [1]. Quoi qu'il en soit, il contribua à l'organisation de l'autorité impériale en Gaule. Dans la pensée de rattacher à la cause romaine les dignitaires de la préfecture arlésienne, il s'efforça de pousser aux principales fonctions quelques-uns de ses amis. Il les soutint dans leur disgrâce, même lorsqu'elle était méritée, témoin cet Arvandus, traître et concussionnaire, qu'il sauva de la mort [2].

Mais cette brillante fortune, si heureusement obtenue, si bien employée, Sidoine s'aperçut vite qu'elle ne durerait pas. Les barbares dont il avait pompeusement prédit la défaite, étaient loin de se tenir pour battus. Les Vandales occupaient la Méditerranée, arrêtaient les arrivages qui devaient alimenter Rome, de sorte

[1] Chaix, t. I, l. VI, p. 297.
[2] On trouvera le procès curieux de ce personnage dans les beaux récits de M. Amédée Thierry, sur l'histoire romaine au ve siècle.

que la populace, pressée par la famine, semblait toujours sur le point de se soulever. « Je tremble, écrivait Sidoine, que la faim » du peuple romain n'éclate par quelque tonnerre sous la voûte » de l'amphithéâtre et que la disette publique ne soit attribuée au » malheur de mon administration (1). » Heureusement cinq vaisseaux chargés de miel et de blé, partis de Brindes, arrivèrent à Ostie, remontèrent le Tibre, et à leur vue toute agitation se calma. D'autre part, les Visigoths et les Burgundes pénétraient dans la Lyonnaise et l'Auvergne ; leurs progrès étaient favorisés par la connivence perfide des gouverneurs des provinces. Enfin une mésintelligence visible entre Anthémius et Ricimer faisait prévoir de nouvelles révolutions. Sidoine ne les attendit pas de peur d'en être victime ; il quitta prudemment la pourpre, convaincu désormais qu'elle était trop lourde à porter, et se hâta de regagner la Gaule.

III

Si, de retour à Avitacum, Sidoine relut les sentences philosophiques qu'il avait écrites jadis contre les grandeurs humaines, il dut être convaincu qu'il ne s'était point trompé, qu'il avait dit la vérité plus qu'il ne l'aurait cru lui-même. Arrivé à l'âge de trente-neuf ans, au moment où les leçons de l'expérience portent fruit, après avoir subi de si cruelles déceptions, il prit sérieusement en dégoût les caprices de la fortune qui se joue sans pitié de ses adorateurs. De nouvelles pensées agitèrent son âme, et, grâce aux sentiments chrétiens dans lesquels il avait été élevé, ces réflexions tournèrent contre la vanité du monde. Au-dessus des agitations égoïstes dans lesquelles se démène l'ambition des hommes, il commença d'entrevoir le calme et la sérénité de la vie

---

(1) Epist. I, 10.

chrétienne, consacrée à l'instruction, au soulagement, à la défense du prochain. Il avait souvent vu parmi les évêques, ses amis ou ses correspondants, des exemples d'une vertu paisible et désintéressée. Paul de Châlons, Perpétue de Tours, Mamert de Vienne, Patient de Lyon étaient à ses yeux les types d'une perfection que son âme, d'abord subjuguée par des préoccupations terrestres, avait différé de poursuivre, mais non pas désespéré d'atteindre. Rien ne le toucha plus profondément que le spectacle qui frappa ses yeux à Lyon, après son retour. L'évêque Patient exerçait, non seulement dans son diocèse, mais encore dans toute la province dont Lyon était la capitale, un ascendant moral sur les barbares et les Gallo-Romains, par son zèle pour la foi et par sa charité. Digne successeur des Pothin et des Irénée, il avait réussi à restreindre par ses prédications les progrès de l'hérésie arienne parmi ses peuples. Ami de l'humanité, il avait secouru les populations de la vallée du Rhône, pendant une disette; il avait envoyé des blés jusqu'à Marseille. Aussi, lorsqu'il voulut consacrer dans sa ville une église au culte du Christ, des évêques de toutes les parties de la Gaule accoururent en foule lui porter les hommages et les remercîments de leurs fidèles. Or, pour un cœur noblement ambitieux, n'était-ce pas la plus belle récompense d'une vie de dévouement que l'amour et la reconnaissance de tous? Pour une âme vraiment religieuse, consacrer au service d'autrui les ressources de son opulence et de son talent, n'était-ce pas l'idéal de l'existence chrétienne?

Sidoine était sous l'influence de ces pensées quand il reçut, à son arrivée en Auvergne, l'ouvrage de Mamert Claudien, évêque de Vienne, sur l'immortalité de l'âme. L'auteur le lui avait dédié, soit qu'il considérât Sidoine comme un des juges les plus compétents en matière philosophique, soit qu'il voulût l'inviter, par son exemple, à marcher sur les traces des Tertullien et des Augustin, à défendre comme eux ces grands principes du spiritualisme chrétien qui, à cette époque de paganisme, de sensualisme dans les mœurs, d'avilissement dans les caractères, devaient régénérer la société. Sidoine, cédant à l'inspiration de son ami, résolut de mettre toutes ses ressources littéraires au service d'une si noble cause. Il rompit tout commerce avec les muses païennes; il célébra dans une invocation solennelle au Christ les grands mystères du christianisme et il l'envoya à Fauste de Riez, l'apôtre malencontreux, quoique sincère, de la matérialité de l'âme. Il fit plus : il renonça à l'élégance, à la mollesse du patriciat romain, et les fidèles de l'Auvergne virent avec un étonnement respectueux le gendre d'Avitus, l'ancien préfet de Rome, le poëte des cours, pratiquer avec constance les austérités de l'Évangile. Aussi lorsque l'évêque de Clermont, Eparque, mourut en 472, le clergé et le peuple, d'un consentement unanime, élurent Sidoine pour le remplacer.

Cette conversion a paru un peu brusque, un peu intéressée à M. Ampère. « Comment s'opéra cette conversion? dit-il. Le zèle » s'y joignit certainement plus tard, mais l'ambition put la com- » mencer. Sidoine Apollinaire avait obtenu à peu près tous les » honneurs auxquels il pouvait prétendre ; il était patrice; il avait » parlé à Rome devant l'empereur ; il avait une statue sur le » forum de Trajan, il devait se lasser un peu de faire des pané- » gyriques qui portaient malheur à ceux auxquels il les adressait. » Il ne pouvait pas toujours faire des panégyriques. Il ne lui res- » tait aucune chance d'avancement politique : l'épiscopat était » encore, pour les grandes familles patriciennes du pays, la seule » situation qui leur conservât un ascendant véritable sur les popu- » lations. Ces motifs influèrent vraisemblablement sur la vocation » un peu inattendue de Sidoine. Le clergé devait aussi désirer » que cet homme considérable entrât dans ses rangs (1). » Sidoine

(1) J.-J. Ampère, *Histoire littéraire de la France avant le* XIIe *siècle*, t. II, ch. VIII, p. 247.

semble avoir répondu à l'avance à cette accusation, en protestant de son indignité, de son humilité, auprès des évêques de la Gaule, en demandant sans cesse des conseils aux prélats expérimentés, aux vétérans de l'épiscopat. « Malgré mon indignité, écrit-il, on
» m'a imposé le fardeau d'une profession sublime, à moi mal-
» heureux, qui, forcé d'enseigner avant d'avoir appris, et osant
» prêcher le bien avant de le pratiquer, suis semblable à un arbre
» stérile qui, n'ayant pas des œuvres pour fruits, ne donne que
» des paroles pour feuilles (1) : » Il se recommande aux prières de Fontée, évêque de Vaison (2) ; il écrit à Loup de Troyes :
« Prie pour moi, afin que j'obtienne une force et un courage pro-
» portionnés au lourd fardeau qui pèse sur ma tête. La continuité
» de mes crimes m'a réduit à une telle nécessité que je me vois
» contraint de prier maintenant pour les péchés du peuple, moi
» pour qui les supplications d'un peuple innocent obtiendraient à
» peine miséricorde... Toi, la règle des mœurs ; toi, la colonne des
» vertus... tu n'as pas été avare d'avertissements... du cellier de
» ta profonde charité, tu as bien voulu nous donner la mesure de
» l'humilité qu'il nous faut avoir... (3) »

Si toutes ces paroles sincères, convaincues, ne suffisent pas à démontrer le désintéressement de Sidoine Apollinaire, toute espèce de doute doit s'évanouir quand on observe avec quelle abnégation, quelle grandeur d'âme, il remplit ses devoirs d'évêque. Défendre sa ville contre les barbares, prendre part avec les autres prélats à la discussion des grandes questions philosophiques et religieuses, étendre sa charité à tout le monde, tel fut son triple rôle.

---

(1) Epist. V, 3.
(2) Epist. III, 1.
(3) « Facinorum continuatione miser eo necessitatis accessi, ut is pro peccato populi nunc orare compellar, pro quo populus innocentum vix debet impetrare, si supplicet. » Epist. VI, 1.

Avant de voir comment se comporta Sidoine en face des barbares, on peut se demander quelle impression ils produisirent d'abord sur lui, quand il aperçut leurs hordes innombrables marquer par le ravage et l'incendie leur passage à travers l'empire. Aucun écrivain de cette époque n'a plus vivement ressenti et rendu la surprise et l'effroi que produisit l'apparition de ces figures étranges et sauvages. Les Francks relèvent et rattachent sur leur front leurs cheveux d'un blond roux, qui forment une espèce d'aigrette et retombent par derrière en queue de cheval. Leur visage est entièrement rasé, à l'exception de deux longues moustaches qui pendent des deux côtés de la bouche. Ils portent des habits de toile, serrés au corps et sur les membres avec un large baudrier auquel pend leur épée; à la main, ils tiennent une hache, leur redoutable francisque, qu'ils lancent si adroitement au visage de l'ennemi (1). Les Vandales, assis sur les bancs de leurs galères, attendent que les esclaves maures leur apportent un riche butin; ou bien, se préparant à combattre, ils cachent sous une cuirasse de fer leurs corps bronzés, bandent leurs arcs et déploient leurs bannières (2). Le Saxon se fait un jeu de sillonner la mer de Bretagne et de fendre les flots azurés sur un esquif de peau. C'est le plus farouche de tous les ennemis. Il attaque à l'improviste, se dérobe avant d'être vu; il méprise ceux qui l'attendent et terrasse ceux qu'il surprend. S'il poursuit, il atteint; s'il fuit, il échappe. Le naufrage l'exerce, loin de l'épouvanter. Non-seulement il connaît les dangers de la mer, mais il est familiarisé avec eux. Joyeux au milieu des flots et des écueils, il brave le péril dans l'espoir du butin (3). Les Huns à première vue inspirent la terreur. Leur tête étroite n'est qu'une boule allongée; au-dessous du front leurs yeux vont se perdre dans deux profondes

(1) Panégyr. de Majorien, V, 317, *sq.*
(2) Panégyr. de Majorien, V, 386, *sq.*
(3) Panégyr. d'Avitus, V, 369.

cavités; non pas que leurs orbites soient fermés au jour, car ils distingueraient un point au fond d'un puits. Dès leur naissance, on leur écrase les narines avec un bandeau pour que le casque ne trouve aucun obstacle. Du reste leur corps est beau; ils ont une vaste poitrine, de larges épaules, une taille svelte. A pied, ils sont de médiocre stature; à cheval ou assis, ils paraissent très-grands. Le jeune barbare quitte à peine sa mère qu'il monte à cheval; le cavalier semble si bien cloué à son coursier que l'on croirait qu'ils ne font qu'un. Les autres voyagent sur leurs montures; eux, ils y habitent (1). Les barbares que Sidoine dépeint avec le plus de dégoût sont les Burgundes. Il répond à l'un de ses amis qui lui avait demandé un épithalame :

« Comment pourrais-je composer des chants d'hymen, alors
» que j'habite parmi les hordes chevelues, que je suis obligé de
» subir leur patois germanique et d'applaudir les refrains avinés
» du Burgunde qui se parfume la tête avec du beurre rance?
» Comment ferais-je des vers de six pieds en face de ces patrons
» qui en ont sept? Heureux tes yeux, heureuses tes oreilles,
» heureux surtout ton nez qui ne respire pas dix fois le matin
» l'odeur empestée de l'ail et de l'oignon ! Tu n'es point forcé,
» comme si tu étais leur grand-père ou le mari de leur nourrice,
» de recevoir avant le jour ces énormes géants auxquels suffi-
» rait à peine la cuisine d'Alcinoüs (2) : » Les envahisseurs que Sidoine redoute le plus pour son pays, les Visigoths, sont moitié barbares, moitié polis par la civilisation romaine. Ils ont une cour de poëtes et d'orateurs; à voir Théodoric dans son palais de Bordeaux ou de Toulouse, on croirait voir Majorien dans sa résidence d'Arles ou de Narbonne. On y lit Virgile et Cicéron ; on y délibère dans l'assemblée des vieillards, comme on faisait autrefois à Rome dans le sénat, sous les Antonins; on y respecte

(1) Panégyr. d'Anthémius, V, 245, *sq*.
(2) Carm. XII, 5, *sq*.

l'étiquette, comme si le prince s'appelait Dioclétien ou Constantin. Cependant le prince est un vrai barbare et Sidoine décrit Théodoric comme une belle bête curieuse : « Il a de gros
» mollets ; on lui coupe tous les matins le poil des narines; son
» dos est rentré ; ses côtes font saillie ; il a les flancs larges et la
» cuisse forte; ses cheveux nattés et tressés recouvrent ses
» oreilles ; les cils de ses paupières atteignent le milieu de ses
» joues quand il ferme les yeux ; son nez se recourbe avec majesté ; ses lèvres sont minces et ses favoris extrêmement épais
» forment une touffe autour de ses oreilles (1). » Ne croyez pas
toutefois qu'en traçant ce portrait qui ressemble à une caricature, l'auteur ait voulu faire une satire ; il se garderait bien de
critiquer un prince qu'il redoute. Au contraire, il prétend bien
louer par là les qualités physiques de ce géant et il ne passe pas
sous silence ses perfections morales, son courage, sa sobriété,
sa science. A peine ose-t-il noter, en passant, que la religion du
roi est plutôt extérieure que réelle. Du reste, pas une allusion au
meurtre de Thorismund, pas un trait contre l'arianisme. Il faut
ménager les barbares ; « nous les méprisons, dit-il, et nous les
» craignons (2). »

Cependant une fois devenu évêque, Sidoine n'ayant plus rien à
obtenir des Visigoths, ayant au contraire tout à redouter de leur
ambition, change de langage. Théodoric est mort assassiné par
son frère Euric, et celui-ci convoite l'Auvergne; de plus il se proclame le défenseur de l'arianisme et ne laisse ni paix ni trêve aux
évêques orthodoxes dans ses États. « Je crains moins ses coups
» pour les murs des Romains, disait Sidoine, que pour les lois
» chrétiennes. Il est puissant par ses armes, le feu de son cou-
» rage, la vigueur de sa jeunesse et la persuasion trompeuse où
» il se trouve que sa religion assure le succès de ses entreprises.

(1) Epist. I, 2.
(2) Epist. IV, 1.

» Bordeaux, Périgueux, Rodez, toutes les villes au sud de la
» Loire ont perdu leurs pontifes. Dans les diocèses, dans les pa-
» roisses, tout est bouleversé; partout l'on voit des églises tom-
» ber en poussière ; leurs portes sont arrachées, leurs gonds enle-
» vés ; l'entrée des basiliques est obstruée par des ronces et des
» épines ; les troupeaux eux-mêmes, ô douleur! viennent se cou-
» cher au milieu des vestibules entr'ouverts et brouter l'herbe
» qui croît sur les saints autels (1). »

Déjà maîtres du Berry, les Visigoths s'avancèrent, en 474, vers cette ville d'Auvergne que, malgré de nombreuses tentatives, ils n'avaient jamais réussi à prendre ; ils espéraient s'en emparer facilement cette fois grâce à l'isolement dans lequel l'empereur Julius Nepos était obligé de la laisser. Euric avait déjà franchi les limites de l'Auvergne ; il montrait à ses soldats cette fertile plaine de la Limagne dont l'aspect lui faisait oublier le ciel de la Septimanie. Dans cette extrémité, le peuple mit toute sa confiance en son évêque et celui-ci s'en montra digne. Il ne faut pas s'étonner de voir le clergé intervenir ainsi dans les affaires politiques des peuples. Comme l'a fort bien dit M. Chaix, « le cours naturel des choses lui assigna ce rôle. Quand les popu-
» lations virent que dans ces jours d'anarchie l'épiscopat seul
» conservait quelque courage, tandis que les armées romaines
» n'osaient affronter l'ennemi ; quand on répéta que dans toutes
» les provinces, en Italie, dans la Germanie et dans les Gaules,
» sur les bords du Mincio, comme sur les murs de Troyes et
» d'Orléans, des évêques avaient arrêté les barbares ; qu'un Sé-
» verin dans le Norique contenait leurs hordes par le seul em-
» pire de sa sainteté et de sa parole ; qu'un Épiphane de Pavie
» était choisi comme arbitre entre Anthémius et Ricimer ; que,
» dans la Lyonnaise, un évêque nourrissait les populations affa-
» mées ; quand on compara ces chefs de diocèse si compatissants

(1) Epist. VII, 6.

» dans les malheurs publics, à ces magistrats concussionnaires
» qui pillaient les provinces ; à cette heure de péril, la société se
» tourna d'où lui venait le salut et la lumière : elle força les
» évêques à s'occuper de bien des affaires qui ne regardaient que
» son bonheur temporel. Longtemps avant, la maison d'Am-
» broise à Milan était plus assiégée de clients que le prétoire de
» Trèves. A Hippone, Augustin se plaignait sur ses vieux jours
» de ce que les peuples d'Afrique surchargeaient son épiscopat
» d'une foule d'affaires extérieures qui, en l'arrachant à lui-même,
» l'arrachaient à Dieu (1). » Près d'un siècle plus tard le pontife
illustre qui a mérité les titres de Saint et de Grand, Grégoire Ier,
gémissait d'avoir à soutenir des siéges, à ravitailler des places
fortes et disait que, par la colère divine, il était devenu bien plus
l'évêque des Lombards que celui des Romains.

Sidoine n'usurpa donc point le pouvoir d'autrui, lorsqu'il dirigea la défense de Clermont contre les Visigoths. Tandis que son beau-frère Ecdice, à la tête des milices arvernes, soutenait les assauts, faisait des sorties contre l'ennemi, l'évêque s'occupait de pourvoir la ville de vivres et de munitions. Il écrivait aux différents peuples de la Gaule pour leur demander des secours ; aux magistrats romains, à l'empereur même, pour leur démontrer que leur intérêt était en jeu, autant que celui des Arvernes. Il reçut des blés de l'évêque de Lyon, et l'en remercia spirituellement : « Vous êtes un bon ministre de Dieu, un bon père, une
» bonne année (2). » Il exhortait ses peuples à défendre contre l'arianisme leurs autels et leur Dieu. Bref, Sidoine déploya tant d'activité, Ecdice tant de courage, que les Visigoths durent lever le siége. Ils éprouvèrent même des pertes considérables, puisqu'ils songèrent à cacher leur honte en dérobant à la connaissance de l'ennemi le nombre de leurs morts. Ceux qu'ils n'eurent

---

(1) Chaix, t. I, l. VIII, p. 440.
(2) « ...Bonus annus es... » Epist. III, 3.

pas le temps d'inhumer, à cause de la brièveté de la nuit, ils leur coupèrent la tête et laissèrent leurs troncs gisant sur le sol, dans la pensée que leur petit nombre dissimulerait l'étendue du désastre (1).

Mais malgré cet échec, les barbares d'Euric continuèrent les hostilités pendant la seconde moitié de l'année 474. La terreur des Arvernes n'avait pas de trêve : il fallait sans cesse veiller autour des remparts, faire des sorties dans la plaine et se protéger sur les lisières contre les escarmouches de l'ennemi. Certaines bandes de Visigoths s'avançaient parfois dans l'intérieur du pays, y répandaient le trouble et la frayeur, et ne se retiraient qu'après avoir fait quelques prisonniers (2). Cependant une suspension d'armes fut signée et les Arvernes purent reprendre haleine. Sidoine essaya de se concilier l'alliance de Chilpéric, roi des Burgundes, au cas où la guerre recommencerait ; il put même croire que l'empereur ne demeurait pas tout à fait indifférent au sort de l'Auvergne, puisqu'il décora du titre de patrice le défenseur de Clermont, Ecdice. Tout à coup le bruit courut que Julius Népos, pour sauver Marseille, avait livré l'Auvergne à Euric. L'évêque de Marseille, Græcus, et trois autres étaient les agents de la négociation. Sidoine indigné s'empressa de reprocher à Græcus une pareille transaction : « Voilà, s'écrie-t-il, ce qu'il nous vaut d'a-
» voir bravé la faim, le fer et la peste ! C'est pour cette paix
» brillante que nous avons arraché les herbes sauvages aux fentes
» des murailles, que nous avons usé nos corps par les jeûnes et
» les combats ! Rougissez, au nom du ciel, de ce traité qui n'est
» ni glorieux ni utile. S'il le faut, nous acceptons de nouveau
» avec plaisir les siéges, les batailles et la faim : si vous ne
» pouvez empêcher le sort qui nous menace, faites au moins
» par vos prières qu'elle vive encore, la race de ceux dont la

(1) « ...Bonus annus es... » Epist. III, 3.
(2) Epist. IX, 9.

» liberté va mourir. Préparez des terres pour les exilés, des ran-
» çons pour les captifs, des vivres pour les pèlerins. Quand nos
» murailles seront ouvertes à nos ennemis pour la servitude,
» que les vôtres ne soient pas fermées pour l'hospitalité (1). »

Malgré ces réclamations éloquentes, la transaction eut lieu et l'Auvergne fut officiellement cédée aux Visigoths. Quand ils entrèrent dans Arvernum, la famille de Sidoine eut à souffrir la première de leurs ressentiments. Ses biens furent confisqués, et lui-même, enlevé à son diocèse, à sa femme et à ses enfants, fut enfermé dans la prison de Livia, près de Carcassonne. Sa captivité fut dure : il concevait les plus grandes inquiétudes au sujet de son peuple, victime peut-être des exactions les plus odieuses, de son beau-frère Ecdice qui avait pris la fuite et n'avait point fait connaître le lieu de sa retraite, de sa famille enfin qui se trouvait sans doute réduite à la misère. De plus, il fut en butte aux plus cruels traitements ; il demeurait enfermé dans un cachot obscur, surveillé par des gardes chargés de l'observer nuit et jour. Rien ne le consolait dans son isolement : « Le soir, dit-il,
» c'est à peine si mes yeux appesantis pouvaient goûter un peu
» de repos, car j'entendais aussitôt le vacarme que faisaient deux
» vieilles Gothes, logées près de la gouttière de ma chambre,
» et querelleuses, buveuses, dégoûtantes, comme je n'en vis
» jamais (2). » Heureusement son ami Léonce d'Aquitaine, secrétaire d'Euric, obtint son élargissement. Sidoine vint à Bordeaux solliciter son retour dans sa patrie et la restitution de ses biens. Euric le fit attendre deux mois sans lui donner réponse; peut-être le roi voulait-il le retenir auprès de lui comme suspect ; peut-être avait-il dessein de l'apprivoiser. Bien d'autres Gallo-Romains, non moins illustres que Sidoine, s'étaient vendus à la politique des barbares; n'attendant plus rien d'un empire en

(1) Epist. VII, 7.
(2) Epist. VIII, 3.

dissolution, ils se donnaient au plus puissant pour ménager leur fortune. Sidoine lui-même, en flattant tour à tour les heureux du moment, n'avait-il pas donné l'exemple de cette versatilité? Cette fois du moins, il eut plus de dignité. Il condescendit seulement à faire pour Euric ce qu'il avait fait pour trois empereurs, un panégyrique en vers, et ses éloges peu sincères lui valurent de revenir dans sa ville épiscopale. A partir de cette époque, on ne voit pas qu'il intervint, directement du moins, dans les affaires de l'Arvernie. Il semble avoir concentré son activité dans les fonctions pastorales et dans l'étude des lettres ; c'est à ce moment de sa vie que l'on rapporte la publication de ses ouvrages en prose.

IV

Ce ne furent pas seulement les souffrances endurées pour la patrie et le dévouement à ses intérêts qui rendirent Sidoine cher à ses fidèles d'Auvergne. Ils étaient fiers aussi d'avoir à la tête du diocèse un des docteurs les plus consultés dans les discussions théologiques qui divisaient alors le clergé lui-même.

M. Ampère ne veut pas prendre Sidoine au sérieux ; c'était, d'après lui, un évêque frivole, quoi qu'il en eût, malgré tous ses efforts pour mettre sa futile intelligence au niveau des grandes questions qu'il devait débattre et résoudre.

Quelque déférence que l'on doive à l'un des maîtres les plus délicats et les plus érudits de la critique historique, on ne peut méconnaître que ce jugement est erroné. Sans doute la vie politique et les études profanes de Sidoine ne l'avaient guère préparé à l'enseignement et à la défense des vérités chrétiennes. Toutefois, avant d'être évêque, il avait résumé, dans un poëme plus orthodoxe qu'élégant, les principaux articles de la croyance catholique. Plus tard, après son élection, il se disait qu'il était temps de lire et d'écrire des choses sérieuses (1). Il se pénétra profondément des écrits des Pères, dont les doctrines discutées, élaborées par les siècles suivants, devaient donner naissance à ces travaux prodigieux, ces Sommes gigantesques où le dogme demeura fixé. Il cite souvent les noms des principaux docteurs des Églises latine et grecque, et en même temps il apprécie avec assez de justesse le caractère particulier de leur génie pour prouver qu'il connaissait à fond leurs ouvrages. Il passait même pour être très-versé dans la science des écritures, au point que les évêques les plus anciens de la Gaule, des personnages élevés en dignité le consultaient sur les passages les plus difficiles et lui en demandaient des commentaires. Un écrivain postérieur qui nous a laissé la biographie des hommes illustres de ce temps, Gennadius, l'appelle un docteur insigne, un Père de l'Eglise, et le félicite de ses lumières, si rares dans une époque de barbarie comme celle qui pesait sur la Gaule (2). Il avait du reste fixé la liturgie dans son diocèse, institué les Rogations, établi un missel, et sa mémoire avait si bien retenu les prières du livre sacré, qu'un jour, à la messe, le livre ayant fait défaut, il récita l'office du jour, au grand étonnement des fidèles qui crurent voir à l'autel un ange plutôt qu'un homme. De plus, Sidoine se préoccupe avec sollicitude de tout ce qui se passe dans l'Eglise chrétienne en Gaule. Ses regards scrutateurs devinent les intentions ambitieuses d'un candidat à l'évêché de Bourges, et sa pieuse activité réussit à l'évincer. Il déconcerte les intrigues d'un prêtre, appelé Agrippinus, qui abusait de la faiblesse d'une veuve pour capter son riche héritage. Non-seulement il pénètre dans les églises et les maisons, mais il s'informe encore de la vie des moines dans leurs couvents. Bref, sa

(1) « ...Tempus est seria legi, seria scribi. » Epist. VIII, 4.
(2) « In Christiano vigore pollens, etiam inter barbariæ ferocitatis duritiem quæ eo tempore Gallos oppresserat, catholicus pater et doctor habetur insignis. » Gennad., c. XCII.

vigilance était si minutieuse et en même temps si reconnue, qu'un des évêques les plus célèbres de ce temps, Loup de Troyes, sur le point de mourir, lui écrivait qu'il s'en allait tranquille, puisque la cause du Christ était défendue par un homme tel que lui (1).

Sans doute, on peut citer quelques lettres de l'évêque de Clermont, où son esprit s'échappe en plaisanteries gaies, en anecdotes amusantes, en saillies ingénieuses. Mais pour être évêque, on n'en a pas moins le droit d'être de bonne humeur, d'avoir de l'esprit même, quand on le peut. Loin de faire un reproche à Sidoine de ces heureuses qualités, je crois qu'on doit l'en féliciter. Voici quelques-unes de ces lettres qui ont servi de prétexte à M. Ampère pour accuser Sidoine de frivolité.

Il adresse son propre portrait à l'un de ses amis, Philagrius :
« Tu aimes, je le sais, les hommes paisibles ; moi j'aime même
» les poltrons. Tu évites les barbares quand ils passent pour mé-
» chants ; je les évite lors même qu'ils sont bons. Tu t'appliques
» à la lecture ; moi, je ne souffre pas que la paresse m'en dé-
» tourne. Tu joues le rôle d'un religieux ; moi j'en retrace l'i-
» mage. Tu ne désires pas le bien d'autrui ; moi, je regarde
» comme un profit de ne pas perdre ce qui m'appartient. Tu re-
» cherches la société des savants ; moi, j'appelle solitude la
» compagnie des ignorants, quelque nombreuse qu'elle soit. On
» te dit très-gai ; moi, j'estime comme perdues toutes les larmes
» qu'on pourrait verser hors de la prière. On raconte que tu es
» très-humain ; pour moi, aucun hôte n'a reculé devant ma mo-
» deste table comme devant l'antre de Polyphème. On parle de
» ta grande clémence envers tes serviteurs ; moi, je ne me tour-
» mente pas, parce que les miens ne sont pas tourmentés à chaque
» faute qu'ils commettent. Penses-tu qu'il faille jeûner tous les

---

(1) Lupi Trecensis epist. ap. spicileg. nov. edit., III, 302.

» deux jours? Je ne crains pas de te suivre. S'agit-il de dîner? Je
» n'ai pas honte de te devancer (1). »

Un jour il invite un ami à un grand repas ; pour l'attirer, il emploie tous les arguments de la gastronomie : « Qui te retient?
» dit-il. Les escargots rampants te devanceraient, je crois, avec
» leur maison native. Viens te régaler ou nous régaler nous-
» mêmes; viens, ce qui sera plus agréable, faire l'un et l'autre.
» Viens, armé de tes provisions, vaincre et subjuguer ces man-
» geurs du Médoc. Que le poisson de l'Adour insulte ici aux mu-
» lets de la Garonne, et que la tourbe des vils crabes le cède aux
» nombreuses langoustes de Lapurdum. Quoique tu puisses te
» mesurer avec tous les autres dans ce genre de combat, néan-
» moins, si tu veux suivre mon conseil, et il est juste d'en croire
» mon expérience, tu n'admettras pas à cette lutte notre sénateur;
» car, dans sa maison et à sa table, c'est une magnificence digne
» de Cléopâtre (2). »

De temps en temps Sidoine entretenait par de petits cadeaux les bons sentiments de ses amis : « Je t'envoie, écrit-il à l'abbé Chariobaud, un capuchon de nuit pour couvrir dignement pendant la prière et le sommeil, tes membres exténués par le jeûne, quoiqu'il ne soit guère de saison d'offrir un vêtement fourré à la fin de l'hiver et au commencement de l'été (3). »

Une autre fois, il raconte à l'évêque Græcus de Marseille, dans un style badin, l'histoire romanesque de son protégé Amantius :
« Le hasard lui avait donné pour voisine une femme aussi distinguée
» par sa richesse que par sa vertu, dont la fille, sans être encore
» nubile, avait traversé déjà les premières années de l'enfance.
» Amantius, avec des manières caressantes, qui n'avaient rien que
» de décent, cherchait à mériter les bonnes grâces de cette enfant,

(1) Epist. VII, 14.
(2) Epist. VIII, 12.
(3) Epist. VII, 16.

» au moyen de petits cadeaux, de bagatelles appropriées à ses
» jeux et à ses occupations. Ces légères prévenances lui enchaînè-
» rent ce jeune cœur. Arrive l'âge de puberté ; bref, ce jeune
» homme seul, sans ressources, étranger, membre d'une famille
» nombreuse, qui avait quitté son pays, non-seulement contre la
» volonté, mais encore à l'insu de son père; voyant que la jeune
» fille, avec une naissance égale à la sienne, lui était supérieure
» en richesse, aidé de l'évêque en qualité de lecteur, du comte
» en qualité de client; convaincu que la mère ne tenait pas à la
» fortune, que la fille n'avait pas d'éloignement pour lui, la de-
» mande en mariage, l'obtient et l'épouse. On rédige le contrat;
» Amantius fait valoir, avec une emphase tout à fait comique, un
» petit domaine de notre petit municipe, que l'on porte sur l'acte
» matrimonial. La duperie légitimée, la fraude solennellement
» enregistrée, pauvre mais aimé, il enlève sa riche compagne, et
» après avoir soigneusement recueilli la succession de son beau-
» père, à laquelle il joint comme complément tout ce qu'il peut
» extorquer à la munificence de la mère trop faible et trop cré-
» dule, par un tour d'adresse il bat en retraite vers sa pa-
» trie (1). »

Enfin, chose plus criminelle que ce ton badin avec lequel il raconte une affaire d'escroquerie, Sidoine a semblé parler une fois
un peu légèrement des Rogations. « Elles avaient pour objet, dit-
il, de demander de la pluie ou du soleil, ce qui, pour ne rien dire
de plus, ne saurait également convenir au potier et au jardinier (2). »
C'est surtout sur cette plaisanterie, tout à fait innocente, que
s'appuie M. Ampère pour assurer que Sidoine avait peu d'incli-
nation pour la théologie. Elle témoigne seulement, comme toutes
les autres que je viens de citer, d'une certaine liberté d'esprit,

---

(1) Epist. VII, 2.
(2) Epist. V, 14.

et c'est là, je le répète, une des qualités les plus louables de ce pontife. Elle n'exclut pas, du reste, les qualités sérieuses, vraiment pastorales, et l'on peut en donner encore des preuves.

Sidoine est loin, par exemple, de se dissimuler les défauts du clergé d'alors, témoin les lettres où il rend compte des élections épiscopales à Châlons et à Bourges. Ailleurs, après avoir parlé de la vie édifiante d'un seigneur gallo-romain, il ajoute : « Sans parler de l'extérieur par lequel on en impose quelquefois au siècle présent, tous ceux de notre profession pourraient être utilement exhortés à suivre ce modèle ; car, soit dit sans offenser mon ordre, si chaque particulier avait autant de vertus, j'admirerais plus celui qui serait prêtre par les mœurs que celui qui n'en aurait que le titre (1). » Un évêque si impartial et si juste devait aussi comprendre et pratiquer la tolérance, comme un devoir, non-seulement d'homme sensé, mais de vrai chrétien. Il se déclare, en effet, quelquefois le protecteur des Juifs, « non qu'il aime une erreur qui assure la perte de ceux qui la partagent, mais parce qu'on ne doit jamais condamner sans retour un Juif vivant qui peut s'amender (2). »

Tous ces faits et tous ces écrits dont nous venons de parler, attestent chez Sidoine Apollinaire un esprit enjoué, en même temps un cœur droit, une âme compatissante. Les indigents de son diocèse connurent du reste sa générosité. Il faisait de telles aumônes que sa femme, Papianille, en bonne ménagère, s'en inquiétait, et lui adressait à ce sujet de fréquents reproches. Cela ne vous rappelle-t-il pas l'histoire du bon roi Robert, que sa femme Constance gourmandait si durement de consacrer à des charités des sommes d'argent qu'elle aurait si utilement employées en parures ? Le roi se consolait en chantant au lutrin l'hymne *O cons-*

(1) Epist. IV, 9.
(2) Epist. VI, 11. J'ai trouvé ces citations groupées dans l'ouvrage de M. Germain ; j'ai emprunté les traductions.

tance des martyrs, qu'il avait composé lui-même. Quant à Papianille, elle avait raison, car son époux était si pieusement prodigue, si religieusement détaché des choses de la terre, qu'à la fin deux malfaiteurs, prêtres de son diocèse, le dépouillèrent, qu'il ne réclama rien et qu'il mourut pauvre.

D'après le récit de Grégoire de Tours, il fut, avant sa mort, transporté, selon l'usage, dans une église, déposé sur un lit près de l'autel; une multitude d'hommes, de femmes et d'enfants s'y rendit pour rendre au vénérable malade les devoirs de leur piété et de leur reconnaissance. « Pourquoi nous abandonnez-vous, bon pasteur? s'écriaient-ils. Y aura-t-il désormais quelqu'un pour nous distribuer avec autant de soin le sel de la sagesse (1)? »

Ces cris de douleur sont la plus éloquente des oraisons funèbres et le plus bel éloge de l'épiscopat de Sidoine Apollinaire. Si l'histoire impartiale, qui fait la part du bien et du mal, doit blâmer sévèrement les versatilités ambitieuses, les changements intéressés de son premier âge, elle trouve une compensation à ces fautes dans la vie édifiante et utile qui, pendant l'épiscopat, fut dévouée tout entière au bonheur d'autrui.

(1) Greg. Tur., *Hist. Franç.*, l. II, c. 23.

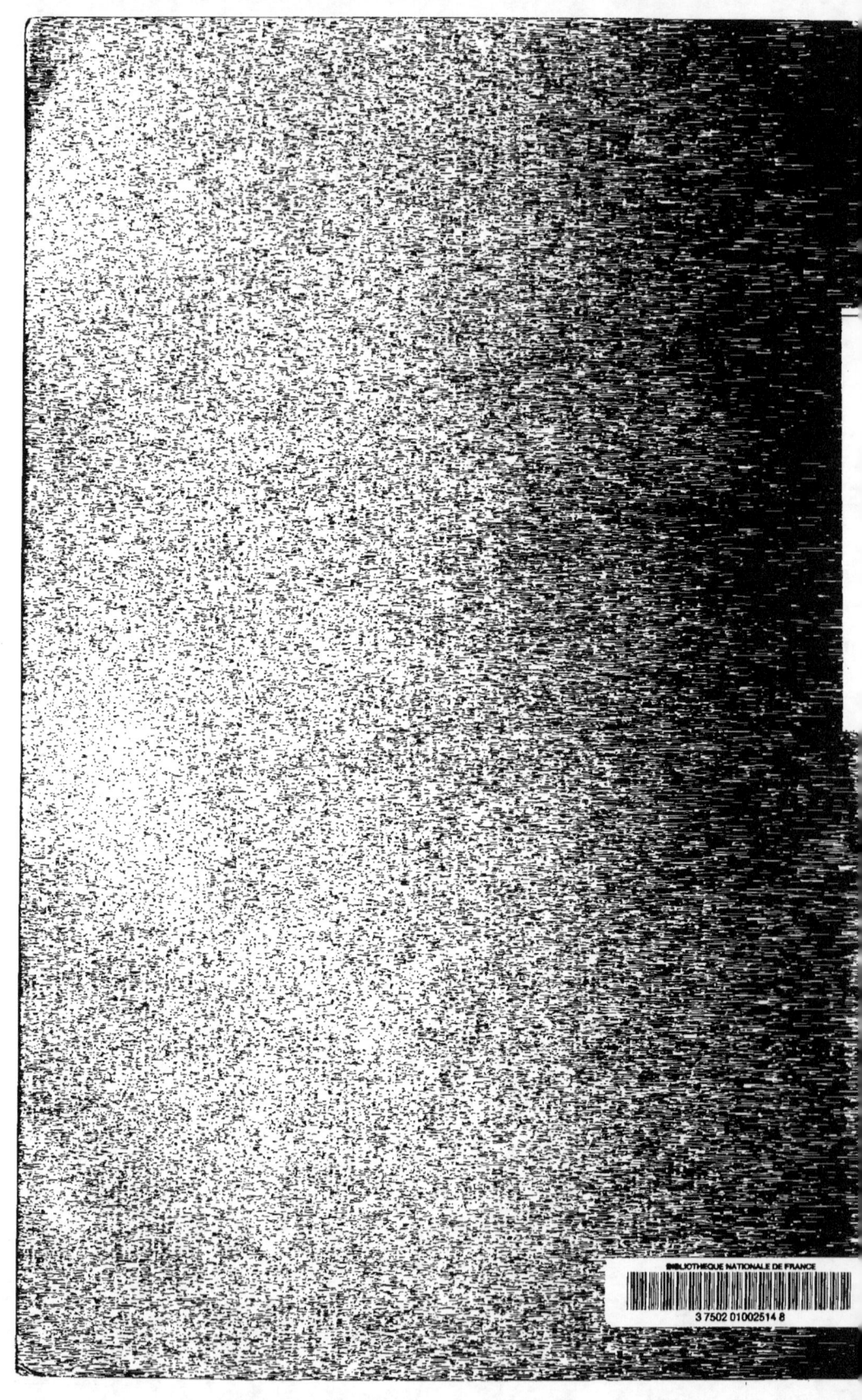

www.ingramcontent.com/pod-product-compliance
Lightning Source LLC
LaVergne TN
LVHW021707080426
835510LV00011B/1635